"ADOLESCENTE, OLHA! A VIDA É NOVA.../
A VIDA É NOVA E ANDA NUA / — VESTIDA
APENAS COM O TEU DESEJO!"

POEMAS
PARA LER NA ESCOLA

MARIO QUINTANA

12ª reimpressão

Copyright © 2012 by Elena Quintana de Oliveira

Grafia atualizada segundo o Acordo Ortográfico da Língua Portuguesa de 1990, que entrou em vigor no Brasil em 2009.

Capa e projeto gráfico
Crama Design Estratégico

Imagem de capa
Eneida Serrano

Produção gráfica
Marcelo Xavier

Revisão
Joana Milli

CIP-BRASIL. CATALOGAÇÃO NA FONTE
SINDICATO NACIONAL DOS EDITORES DE LIVROS, RJ

Q67m
    Quintana, Mario
        Poemas para ler na escola – Mario Quintana / Mario Quintana. – 1ª ed. – Rio de Janeiro: Objetiva, 2012.
        (Para ler na escola)
        192p.

        ISBN 978-85-390-0410-2

        1. Poesia brasileira. I. Título. II. Série.

12-5513   CDD: 869.91
                                                        CDU: 821.134.3(81)-1

Todos os direitos desta edição reservados à
EDITORA SCHWARCZ S.A.
Praça Floriano, 19, sala 3001 — Cinelândia
20031-050 — Rio de Janeiro — RJ
Telefone: (21) 3993-7510
www.companhiadasletras.com.br
www.blogdacompanhia.com.br
facebook.com/editoraobjetiva
instagram.com/editora_objetiva
twitter.com/edobjetiva

POEMAS
PARA LER NA ESCOLA

MARIO QUINTANA

SELEÇÃO E APRESENTAÇÃO REGINA ZILBERMAN

Sumário

Apresentação, 11

O poeta e a sociedade, 17

Apresentação, 19
A poesia, 21
Eu nada entendo da questão social., 23
Na minha rua há um menininho doente., 24
Eu faço versos como os saltimbancos, 25
Jazz, 26
O anjo da escada, 27
O autorretrato, 28
Sonatina lunar, 29
Cocktail Party, 31
Uma canção, 33
Confessional, 34
Os hóspedes, 35
Bilhete a Heráclito, 36
As mãos de meu pai, 37
Deixa-me seguir para o mar, 39
Falantes & ouvintes, 40
Memória, 41
Tão simples, 43
Primeiras leituras, 44
O poeta, 45
O tio, 46
O gato, 47

Hoje é outro dia, 48
Noturno, 49

A cidade e sua gente, 51

Escrevo diante da janela aberta., 53
Dorme, ruazinha... É tudo escuro..., 54
Minha rua está cheia de pregões., 55
Avozinha Garoa vai contando, 56
Cidadezinha cheia de graça..., 57
Canção meio acordada, 58
Canção da ruazinha desconhecida, 59
Veranico, 60
Lunar, 61
O mapa, 62
Matinal, 64
Magias, 65
Noturno III, 67
Uma surpresa, 68
Porto parado, 70

A natureza, 71

O dia abriu seu para-sol bordado, 73
Canção da primavera, 74
Canção de outono, 75
Canção de garoa, 76
Canção de nuvem e vento, 77
Canção do charco, 79
Canção da chuva e do vento, 81
O dia, 82
Caligrafias, 83

Tempestade noturna, 84
Os arroios, 85
Pequeno poema de após chuva, 87
Louca, 88
Atividades invisíveis, 89
A música e a letra, 90

Infância e adolescência, 91

A ciranda rodava no meio do mundo, 93
Canção de junto do berço, 94
Canção da aia para o filho do rei, 95
Canção de muito longe, 97
A adolescente, 98
Crianças gazeando a escola, 99
O Anjo Malaquias, 100
O adolescente, 102
Sei que choveu à noite, 103
Uma historinha mágica, 105
As sete namoradas, 106
A adolescente, 107
Mapa secreto, 108

O amor, 109

Canção de vidro, 111
A canção que não foi escrita, 112
Canção de domingo, 113
De repente, 114
Cântico, 115
Eu queria trazer-te uns versos muito lindos, 116
Souvenir d'enfance, 117

Gostosuras, 118
Brasa dormida, 119

A poesia, 121

Palavras, 123
Da difícil facilidade, 125
Coisas & pessoas, 126
O tempo e o vento, 128
A poesia é necessária, 130
Os poemas, 131
O encontro, 132
O apanhador de poemas, 133
Bric-à-brac, 134
O leitor ideal, 135

O cotidiano, 137

Objetos perdidos, 139
História do futuro, 140
Ritmo, 142
Elegia, 143
Anotação para um poema, 145
Segunda, 146
Terça, 147
Quarta, 148
Quinta, 149
Sexta, 150
Sábado, 151
Da influência dos espelhos, 152
A arte de viver, 153

O humor, 155
Provérbio, 157
Horror, 158
Tableau!, 159
Dos mundos, 160
Da mediocridade, 161
Do capítulo primeiro do Gênesis, 162
Da humana condição, 163
Mastiga-me devagarinho, 164
Delícia, 166
Acidentes, 167
Incorrigível, 168
A escrita, 169
Poeminha do contra, 170
Drácula, 171
Um pouco de geometria, 172
Aquele estranho animal, 173
Haikai, 175
Olhinhos azuis, 176
Chispa, 178
K, 179
Ortografia transcendental, 180
Astronomia, 181
Pergunta inocente, 182
Os três reis magos, 183

Créditos dos poemas selecionados, 185

Apresentação

Provavelmente os versos mais conhecidos de Mario Quintana são os que formam o "Poeminha do contra", em que ele faz um duplo trocadilho. Primeiramente, entre os "passarões", grandões que atravancariam o caminho do poeta, e o próprio escritor, o "passarinho", identidade no diminutivo a dar conta de seu pequeno tamanho e de sua modéstia. O segundo trocadilho se utiliza de um dos conteúdos do verbo "passar", que pode significar "ser transitório", não permanecer ou morrer; o "eu passarinho", em contraposição, continuaria a existir, persistiria, não desapareceria com o tempo.

Mario Quintana parecia conhecer sua personalidade e seu destino. Pois quem lê seus poemas ou suas declarações sabe bem como ele sempre se mostrou um indivíduo e um artista independente, que não se deixou levar por modismos, não serviu a escolas literárias (ele mesmo proclamou: "A minha escola poética? Não frequento nenhuma. Fui sempre um gazeador de todas as escolas. Desde assinzinho... Tão bom!") nem a panelinhas. Tinha o temperamento dos resistentes — aqueles que não se entregam fácil ou docilmente. E porque nunca renunciou a seus princípios ou a suas ideias, acabou por se consagrar como um dos grandes poetas brasileiros do século XX, dono de um estilo todo particular, admirado pelos leitores e querido por aqueles que o conheceram. O "eu passarinho" não passou; pelo contrário, ficou para sempre em nossa literatura, requerendo a todo momento que revisitemos seus textos, para apreciá-los cada vez mais.

Conforme Quintana anuncia no começo desta seleção, ele nasceu em 30 de julho de 1906 em Alegrete, cidade localizada em território do Rio Grande do Sul dedicado sobretudo à agricultura e à pecuária. O poema em prosa "Aquele estranho animal" fala dessa época e dos costumes do local, ligados à vida rural. Mario importou a memória desse tempo, não tanto dos hábitos regionais e ainda um quanto rudes, mas de sua infância, marcada pela presença da família, destacando especialmente as tias, de suas primeiras leituras, da amizade de outras crianças, do cenário doméstico.

Cedo, porém, o garoto se deslocou para Porto Alegre, com o fito de estudar no Colégio Militar, do qual se tornou aluno em 1919. Depois de concluído o curso, em 1924, retornou para Alegrete, mas não permaneceu muito tempo na cidade natal. Em 1926, já estava outra vez na capital do estado, atuando no meio jornalístico e editorial. É, por um período, redator de *O Estado do Rio Grande* e tradutor de obras literárias para a Livraria do Globo, que, sob a liderança de Erico Verissimo, capitaneava a publicação, em língua portuguesa, de importantes romancistas ocidentais, fossem clássicos ou vanguardistas. Mario traduziu, entre outros grandes nomes, títulos de Honoré de Balzac, Guy de Maupassant, Giovanni Papini, Marcel Proust e Virginia Woolf.

Seu primeiro livro de poemas data de 1940 e denomina-se *A rua dos cataventos*. É formado por sonetos, gênero que os modernistas tinham rejeitado e que o "eu passarinho", firme na sua intenção de contrariar o que os outros faziam, prestigiou. Segue-se ao livro de estreia uma série de obras marcadas pela unidade de composição: *Canções*, de 1946, *Sapato florido*, de 1948, contendo epigramas, *Espelho mágico*, de 1951, dedicado a quartetos. Unicamente *O aprendiz de feiticeiro*, de 1950, escapa a essa tendência, mas é como se o "eu passarinho" desejasse agora contrariar a si mesmo, já que o livro reúne poemas de teor experimental, menos afeitos a uma forma previamente definida, como são os sonetos, as canções, os epigramas ou os quartetos das demais publicações.

Nas duas décadas seguintes, Quintana não lançou livros novos, mas não deixou de produzir e escrever. Continuou atuando na imprensa, além de manter uma página literária no jornal *Correio do Povo* — o Caderno H, praticando outro gênero que o faria conhecido: o poema em prosa, textos de vigor poético e lírico, mas sem a preocupação com a métrica ou rima, como ocorre nos textos divididos em versos. O *Caderno H* virou livro em 1973, e daí para a frente Quintana retomou o ritmo anterior. Aparecem *Apontamentos de história sobrenatural*, lançado em 1976, quando o poeta comemorava 70 anos, *A vaca e o hipogrifo*, com poemas em prosa até então inéditos, de 1977, e *Esconderijos do tempo*, de 1980. Sua obra diversifica-se, acolhendo a literatura infantil, novas coleções de versos e de poemas em prosa. Entre 1980 e 1994, ano de seu falecimento, Quintana edita mais de dez outros livros, dando mostras de uma vitalidade que o passar do tempo não esmoreceu.

Após a "Apresentação" com que esta coletânea abre, Mario expõe o que pensa de seu fazer poético, marcado pela extrema sinceridade: "Não escrevo uma vírgula que não seja confessional." A declaração assinala o teor eminentemente pessoal de sua obra, sugerida antes por sua autodefinição enquanto "eu passarinho". Não significa que se trata de uma obra individualista, narcisista ou fechada sobre si mesma; o escritor é um contundente crítico da sociedade moderna, não se empolgando com o progresso, a tecnologia ou o consumismo contemporâneos. Mas não deixa de evidenciar que seus textos constroem um mundo oriundo da imaginação do poeta — o "País de Trebizonda", conforme define em um soneto em que manifesta de modo acintoso: "Eu nada entendo da questão social."

Que mundo imaginário é este? No mesmo soneto, ele arrola seus habitantes — os "Loucos, os Mortos e as Crianças". Mas também participam desse universo lúdico os saltimbancos ou o curioso Anjo Malaquias, o "Inocentinho" cujas asas, fora do lugar habitual, impedem-no de voar de modo adequado. O próprio poeta apresenta-se, em outro texto, como "Um desenho de criança... / Corrigido por um louco!".

Com Mario, portanto, o leitor tem oportunidade de vivenciar outros universos, frutos da fantasia e da liberdade, situados à margem das convenções e da banalidade da vida cotidiana. Não que o poeta ignore o tempo presente ou a existência atual. Pelo contrário, o poeta é um observador atento do ambiente urbano.

Caminhante assíduo, Quintana chama a atenção para o movimento das ruas, com seus tipos característicos. Em um de seus primeiros sonetos, ele escreve: "Minha rua está cheia de pregões", o que "Canção meio acordada" confirma: "Laranja! grita o pregoeiro." Porém, predomina nos versos a cidade noturna, banhada pela luz da lua e habitada por seres que beiram o sobrenatural. A experiência do boêmio se manifesta, indicando como o poeta, também por esse ângulo, foge do costumeiro e do bem-comportado.

A natureza, contudo, não fica de fora, já que o poeta observador não deixa de expressar sua visão dos elementos mais simples e mais próximos da paisagem — um rio, a mudança das estações, os animais domésticos. Há, no espaço desenhado por Quintana, a pureza daquilo que permaneceu intocado pelo homem; por isso, vivenciam-na melhor as crianças, e expressam-na os jovens, as moças adolescentes sendo comparadas a arvorezinhas crescendo ou a um "um friso de antílopes" e "de bambus ao vento".

O amor e o humor, como no conhecido poema do modernista Oswald de Andrade, também comparecem acompanhados nos versos líricos de Quintana. Só que em posição de contrariedade: o amor, para o escritor sulino, soma fragilidade e erotismo, enquanto o humor transforma-se em arma ferina para questionar a sociedade.

O humor de Quintana não se restringe, porém, a criticar o comportamento das pessoas ou as escolhas feitas pelos representantes dos grupos sociais elevados. Como ele é um permanente espectador, percebe, em situações aparentemente comuns e rotineiras, contrastes insólitos para os quais chama a atenção, estabelecendo o efeito cômico, ainda quando gratuito ou sem o intuito da denúncia. Modelar é a frase-poema: "O que tem de bom uma galinha assada é que ela não cacareja." Sendo um escritor e um mestre da linguagem verbal, enxerga igualmente o ângulo risível de sua ferramenta de trabalho, a escrita, como na sentença dedicada ao "K", "letra caminhante", segundo o autor.

Acima de tudo, para Mario, está a poesia. Eis o lugar onde ele se considera mais à vontade, porque tem consciência de que é um autêntico criador. Por isso, pode falar de si mesmo, referindo-se à sua arte; ou, em percurso inverso, tecer comentários sobre a produção de poema, para expor sua intimidade.

Não há como separar Quintana de seu fazer poético. Vejam-se "Os poemas": no texto que leva esse título, dirigido a uma segunda pessoa, os poemas são definidos, no primeiro verso, como "pássaros que chegam"; mas, na última linha, o eu lírico confessa ao interlocutor: "o alimento deles já estava em ti..." É o que assegura a naturalidade da criação literária, ainda que o impulso para a escrita de antemão se situe nas próprias palavras. "O encontro" exemplifica o modo como Quintana concebe o momento de geração dos textos líricos: na "esquina do poema", "duas rimas" deparam-se uma com a outra e identificam-se enquanto "duas irmãs desconhecidas". O poeta não faz mais do que registrar esse momento; mas, para tanto, é preciso que a sensibilidade para dar conta dessa combinação mágica habite o interior do artista.

Mario Quintana, vê-se imediatamente, é o que se pode chamar de poeta da cabeça aos pés. Esses o levam a transitar entre os homens, a cidade e a natureza para expressá-la naquilo que tem de inusitado, perceptível pelo olhar diferenciado do escritor. O coração o induz a reconhecer onde residem os melhores sentimentos, virtudes e valores dos homens — o amor, a amizade, o carinho, a saudade. A cabeça, por sua vez, é inteligência e memória. A primeira permite-lhe compreender os problemas dos indivíduos e da sociedade; a segunda ajuda-o a resgatar momentos do passado que constituem sua história pessoal, matéria de uma poesia radicalmente pessoal, mas capaz de ser repartida com os demais, os leitores, com quem ele a todo momento dialoga.

Poeta sempre, Mario Quintana é igualmente um prazer permanente para o intelecto e a emotividade do leitor brasileiro.

Regina Zilberman

O poeta e a sociedade

Apresentação

Nasci em Alegrete, em 30 de julho de 1906. Creio que foi a principal coisa que me aconteceu. E agora pedem-me que fale sobre mim mesmo. Bem! Eu sempre achei que toda confissão não transfigurada pela arte é indecente. Minha vida está nos meus poemas, meus poemas são eu mesmo, nunca escrevi uma vírgula que não fosse uma confissão. Ah! Mas o que querem são detalhes, cruezas, fofocas... Aí vai! Estou com 78 anos, mas sem idade. Idades só há duas: ou se está vivo ou morto. Neste último caso é idade demais, pois foi-nos prometida a Eternidade. Nasci no rigor do inverno, temperatura: um grau; e ainda por cima prematuramente, o que me deixava meio complexado, pois achava que não estava pronto. Até que um dia descobri que alguém tão completo como Winston Churchill nascera prematuro — o mesmo tendo acontecido a *sir* Isaac Newton! *Excusez du peu...* Prefiro citar a opinião dos outros sobre mim. Dizem que sou modesto. Pelo contrário, sou tão orgulhoso que nunca acho que escrevi algo à minha altura. Porque poesia é insatisfação, um anseio de autossuperação. Um poeta satisfeito não satisfaz. Dizem que sou tímido. Nada disso! sou é caladão, introspectivo. Não sei por que sujeitam os introvertidos a tratamentos. Só por não poderem ser chatos como os outros?

    Exatamente por execrar a chatice, a longuidão, é que eu adoro a síntese. Outro elemento da poesia é a busca da forma (não da fôrma), a dosagem das palavras. Talvez concorra para esse meu cuidado o fato de ter sido prático de farmácia durante cinco anos. Note-se que é o mesmo caso de Carlos Drummond de Andrade, de Alberto de Oliveira, de Erico Verissimo — que bem sabem (ou souberam) o que é a luta amorosa com as palavras.

A poesia

Encomendaram-me os editores uma "suma" de minha poesia, o que me enche de perplexidade. Pois não foi aereamente e sim muito de propósito que dei a um dos meus livros (que por sinal é o predileto de Manuel Bandeira, Augusto Meyer e Carlos Drummond) o título de *O aprendiz de feiticeiro*, tirado de uma lenda alemã. Esse incauto aprendiz, na ausência do seu Mestre, pôs-se a lidar com forças desconhecidas, e o que aconteceu foi uma incontrolável multiplicação de vassouras, no meu caso uma multiplicação de poemas.

Saberá mesmo um poeta em que consiste essa espécie de força oculta que o faz poetar? Ele não tem culpa de ser poeta; portanto, não tem do que se desculpar ou explicar.

Se eu conheço algum segredo é o da sinceridade, não escrevo uma vírgula que não seja confessional. Esse desejo insopitável de expressar o que tem dentro de si é o mesmo que leva o crente ao confessionário e o incréu ao divã do analista. O poeta prescinde de ambas as coisas, e os que não são poetas, mas gostam de poesia, desafogam a si mesmos através dos poemas que leem: porque na verdade vos digo que não é o leitor que descobre o seu poeta, mas o poeta que descobre o seu leitor.

Eu nada entendo da questão social.

Eu nada entendo da questão social.
Eu faço parte dela, simplesmente...
E sei apenas do meu próprio mal,
Que não é bem o mal de toda a gente,

Nem é deste Planeta... Por sinal
Que o mundo se lhe mostra indiferente!
E o meu Anjo da Guarda, ele somente,
É quem lê os meus versos afinal...

E enquanto o mundo em torno se esbarronda,
Vivo regendo estranhas contradanças
No meu vago País de Trebizonda...

Entre os Loucos, os Mortos e as Crianças,
É lá que eu canto, numa eterna ronda,
Nossos comuns desejos e esperanças!...

Na minha rua há um menininho doente.

Na minha rua há um menininho doente.
Enquanto os outros partem para a escola,
Junto à janela, sonhadoramente,
Ele ouve o sapateiro bater sola.

Ouve também o carpinteiro, em frente,
Que uma canção napolitana engrola.
E pouco a pouco, gradativamente,
O sofrimento que ele tem se evola...

Mas nesta rua há um operário triste:
Não canta nada na manhã sonora
E o menino nem sonha que ele existe.

Ele trabalha silenciosamente...
E está compondo este soneto agora,
Pra alminha boa do menino doente...

Eu faço versos como os saltimbancos

Eu faço versos como os saltimbancos
Desconjuntam os ossos doloridos.
A entrada é livre para os conhecidos...
Sentai, Amadas, nos primeiros bancos!

Vão começar as convulsões e arrancos
Sobre os velhos tapetes estendidos...
Olhai o coração que entre gemidos
Giro na ponta dos meus dedos brancos!

"Meu Deus! Mas tu não mudas o programa!"
Protesta a clara voz das Bem-Amadas.
"Que tédio!" o coro dos Amigos clama.

"Mas que vos dar de novo e de imprevisto?"
Digo... e retorço as pobres mãos cansadas:
"Eu sei chorar... Eu sei sofrer... Só isto!"

Jazz

Deixa subirem os sons agudos, os sons estrídulos do jazz no ar.
Deixa subirem: são repuxos: caem...
Apenas ficarão os arroios correndo sem rumor dentro da noite.
E junto a cada arroio, nos campos ermos,
Um Anjo de Pedra estará postado.

O Anjo de Pedra que está sempre imóvel por detrás de todas as
[coisas —
Em meio aos salões de baile, entre o fragor das batalhas, nos
[comícios das praças públicas —
E em cujos olhos sem pupilas, brancos e parados,
Nada do mundo se reflete.

O anjo da escada

Na volta da escada,
Na volta escura da escada.
O Anjo disse o meu nome.
E o meu nome varou de lado a lado o meu peito.
E vinha um rumor distante de vozes clamando clamando...
Deixa-me!
Que tenho a ver com as tuas naus perdidas?
Deixa-me sozinho com os meus pássaros...
               com os meus caminhos...
               com as minhas nuvens...

O autorretrato

No retrato que me faço
— traço a traço —
às vezes me pinto nuvem,
às vezes me pinto árvore...

às vezes me pinto coisas
de que nem há mais lembrança...
ou coisas que não existem
mas que um dia existirão...

e, desta lida, em que busco
— pouco a pouco —
minha eterna semelhança,

no final, que restará?
Um desenho de criança...
Corrigido por um louco!

Sonatina lunar

Os padeiros da lua
derrubam farinha
na noite retinta.
Quem ganha? É o chão

que se pinta e repinta
de giz e carvão.

Rendilha de aranha
na face encantada,
moedinha de prata
escondida na mão,
minh'alma menina
fugiu para a mata.

Meu coração
bate sozinho

no velho moinho
da solidão.
Até eu me fujo...

Eu sou o corujo,
olhar enorme
que nunca dorme.
Nana, nana,
nina, uma,
alma menina...
E sonha comigo
por alguns instantes,
onde estejas tu...
Sonha comigo
como eu era dantes!

Os padeiros da lua
derrubam farinha...
O chão se repinta
de giz e carvão...

Sonha,
menina,
na mata assombrada
enquanto o moinho vai rangendo em vão.

Cocktail Party

para Elena Quintana

Não tenho vergonha de dizer que estou triste,
Não dessa tristeza criminosa dos que, em vez de se matarem,
                              [fazem poemas:
Estou triste porque vocês são burros e feios
E não morrem nunca...
Minha alma assenta-se no cordão da calçada
E chora,
Olhando as poças barrentas que a chuva deixou.
Eu sigo adiante. Misturo-me a vocês. Acho vocês uns amores.
Na minha cara há um vasto sorriso pintado a vermelhão.
E trocamos brindes,
Acreditamos em tudo o que vem nos jornais.
Somos democratas e escravocratas.
Nossas almas? Sei lá!
Mas como são belos os filmes coloridos!
(Ainda mais os de assuntos bíblicos...)

Desce o crepúsculo
E, quando a primeira estrelinha ia refletir-se em todas as poças
[d'água,
Acenderam-se de súbito os postes de iluminação!

Uma canção

Minha terra não tem palmeiras...
E em vez de um mero sabiá,
Cantam aves invisíveis
Nas palmeiras que não há.

Minha terra tem relógios,
Cada qual com a sua hora
Nos mais diversos instantes...
Mas onde o instante de agora?

Mas onde a palavra "onde"?
Terra ingrata, ingrato filho,
Sob os céus da minha terra
Eu canto a Canção do Exílio!

Confessional

Eu fui um menino por trás de uma vidraça — um menino de aquário.

Via o mundo passar como numa tela cinematográfica, mas que repetia sempre as mesmas cenas, as mesmas personagens.

Tudo tão chato que o desenrolar da rua acabava me parecendo apenas em preto e branco, como nos filmes daquele tempo.

O colorido todo se refugiava, então, nas ilustrações dos meus livros de histórias, com seus reis hieráticos e belos como os das cartas de jogar.

E suas filhas nas torres altas — inacessíveis princesas.

Com seus cavalos — uns verdadeiros príncipes na elegância e na riqueza dos jaezes.

Seus bravos pajens (eu queria ser um deles...)

Porém, sobrevivi...

E aqui, do lado de fora, neste mundo em que vivo, como tudo é diferente! Tudo, ó menino do aquário, é muito diferente do teu sonho...

(Só os cavalos conservam a natural nobreza.)

Os hóspedes

Um velho casarão bem-assombrado
aquele que habitei ultimamente.

Não,
não tinha disso de arrastar correntes
ou espelhos de súbito partidos.

Mas a linda visão evanescente
dessas moças do século passado
as escadas descendo lentamente...

ou, às vezes, nos cantos mais escuros,
velhinhas procurando os seus guardados
no fundo de uns baús inexistentes...

E eu, fingindo que não via nada.

Mas para que, amigos, tais cuidados?
Agora
foi demolida a nossa velha casa!

(Em que mundo marcaremos novo encontro?)

Bilhete a Heráclito

Tudo deu certo, meu velho Heráclito,
porque eu sempre consigo
atravessar esse teu rio
com o meu eu eternamente outro...

As mãos de meu pai

As tuas mãos têm grossas veias como cordas azuis
sobre um fundo de manchas já da cor da terra
— como são belas as tuas mãos
pelo quanto lidaram, acariciaram ou fremiram da nobre
                              [cólera dos justos...
Porque há nas tuas mãos, meu velho pai, essa beleza que se
                              [chama simplesmente vida.
E, ao entardecer, quando elas repousam nos braços da tua
                              [cadeira predileta,
uma luz parece vir de dentro delas...
Virá dessa chama que pouco a pouco, longamente, vieste
              [alimentando na terrível solidão do mundo,
como quem junta uns gravetos e tenta acendê-los contra o
                              [vento?

Ah! como os fizeste arder, fulgir, com o milagre das tuas mãos!
E é, ainda, a vida que transfigura as tuas mãos nodosas...
essa chama de vida — que transcende a própria vida
...e que os Anjos, um dia, chamarão de alma.

Deixa-me seguir para o mar

Tenta esquecer-me... Ser lembrado é como
evocar-se um fantasma... Deixa-me ser
o que sou, o que sempre fui, um rio que vai fluindo...

Em vão, em minhas margens cantarão as horas,
me recamarei de estrelas como um manto real,
me bordarei de nuvens e de asas,
às vezes virão em mim as crianças banhar-se...

Um espelho não guarda as coisas refletidas!
E o meu destino é seguir... é seguir para o Mar,
as imagens perdendo no caminho...
Deixa-me fluir, passar, cantar...

toda a tristeza dos rios
É não poderem parar!

Falantes & ouvintes

Não importa o enredo das histórias: o que vale é o êxtase de quem escuta. Por isso é que as crianças gostam de ouvir sempre as mesmas histórias, como se fosse da primeira vez.

Sei de poetas — e ninguém desconfia — que passam a vida inteira escrevendo o mesmo poema.

E daí! Se há coisa mais incurável que um poeta é o leitor de poemas...

Memória

I
Sentei-me nas escadarias do rei.
Passavam moças de cântaro ao ombro,
seu andar tinha o ritmo de um verso.
Se me perguntardes: "Quando?", eu não o saberia dizer.
nem tampouco o meu próprio nome,
nem como eram então as minhas vestes...
Eu era apenas um olhar na grave doçura da tarde...
Como o sol nos degraus.
Como a sombra lenta daqueles vultos sobre a tepidez do chão.

II
Eu me lembro também do cometa de Halley,
mas isto foi muito mais tarde,
uns milênios depois...
Também só depois é que eu soube — eruditicamente

desiludido — que se tratava de um cometa,
não propriamente o cometa de Halley,
mas o meu cometa!
O meu maravilhoso cavalo selvagem celestial,
Com a sua longa cauda vermelha atravessando ondulante,
de lado a lado, sobre o meio do mundo,
a noite misteriosa do pátio...
E se me perguntardes
por que fiz disto um poema
ou por que é isto um poema...
Eu não saberia dizer.
Um poema é feito às vezes de tão pouca coisa
Talvez porque, naquele tempo
(esquecida lição de poesia),
o cometa de Halley não se contentava em parecer um cavalo:
o cometa de Halley era um cavalo!

Tão simples

A verdadeira coragem consiste, apenas, em não nos importarmos com a opinião dos outros... Mas como custa!

Primeiras leituras

As minhas primeiras leituras em matéria de romance foram uma coisa muito engraçada: o primeiro volume das *Minas de prata*, de José de Alencar, o primeiro volume da *Família Agulha*, creio que de Bernardo Guimarães. Por onde andariam os segundos volumes? *Minas de prata* foi um mundo encantado, porque não era o mundo da nossa época. A *Família Agulha* até me dava dor do lado, de tanto rir. Ah! aquele irresistível personagem, a Dona Quininha Ciciosa... Não, não vou dizer que, quando eu estiver para ir-me, quero que me arranjem os dois volumes completos de cada obra. Parece que, desde então, compreendi que o enredo é o pretexto, e o essencial a atmosfera. É que a insatisfação faz parte do fascínio da leitura. Um verdadeiro livro de um senhor autor não é um prato de comida, para matar a fome. Trata-se de um outro pão, mas que nunca sacia... E ainda bem!

O poeta

Venho do fundo das Eras,
Quando o mundo mal nascia,
Sou tão antigo e tão novo
Como a luz de cada dia.

O tio

O vento quase que apagou a lâmpada.
Dançaram sombras súbitas no teto.
Uma era um tio que eu nunca tive:
Meu coração pulsou de afeto.

Ai, nem os meus fantasmas existiram!
Falsos fantasmas, vai-se olhar e somem-se,
Deixando só um doloroso frêmito
Nos muros, e no coração inquieto...

Senão quando, compus um *pensamento*:
"É tudo sombra vã, que agita o vento."
E num suspiro espevitei a lâmpada.

O gato

O gato chega à porta do quarto onde escrevo.
Entrepara... hesita... avança...

Fita-me.
Fitamo-nos.

Olhos nos olhos...
Quase com terror!

Como duas criaturas incomunicáveis e solitárias
Que fossem feitas cada uma por um Deus diferente.

Hoje é outro dia

Quando abro cada manhã a janela do meu quarto
É como se abrisse o mesmo livro
Numa página nova...

Noturno

Aquela última janela acesa
No casario
Sou eu...

A cidade e sua gente

Escrevo diante da janela aberta.

Escrevo diante da janela aberta.
Minha caneta é cor das venezianas:
Verde!... E que leves, lindas filigranas
Desenha o sol na página deserta!

Não sei que paisagista doidivanas
Mistura os tons... acerta... desacerta...
Sempre em busca de nova descoberta,
Vai colorindo as horas quotidianas...

Jogos da luz dançando na folhagem!
Do que eu ia escrever até me esqueço...
Pra que pensar? Também sou da paisagem...

Vago, solúvel no ar, fico sonhando...
E me transmuto... iriso-me... estremeço...
Nos leves dedos que me vão pintando!

Dorme, ruazinha...
É tudo escuro...

Dorme, ruazinha... É tudo escuro...
E os meus passos, quem é que pode ouvi-los?
Dorme o teu sono sossegado e puro,
Com teus lampiões, com teus jardins tranquilos...

Dorme... Não há ladrões, eu te asseguro...
Nem guardas para acaso persegui-los...
Na noite alta, como sobre um muro,
As estrelinhas cantam como grilos...

O vento está dormindo na calçada,
O vento enovelou-se como um cão...
Dorme, ruazinha... Não há nada...

Só os meus passos... Mas tão leves são
Que até parecem, pela madrugada,
Os da minha futura assombração...

Minha rua está cheia de pregões.

Minha rua está cheia de pregões.
Parece que estou vendo com os ouvidos:
"Couves! Abacaxis! Cáquis! Melões!"
Eu vou sair pro Carnaval dos ruídos,

Mas vem, Anjo da Guarda... Por que pões
Horrorizado as mãos em teus ouvidos?
Anda: escutemos esses palavrões
Que trocam dois gavroches atrevidos!

Pra que viver assim num outro plano?
Entremos no bulício quotidiano...
O ritmo da rua nos convida.

Vem! Vamos cair na multidão!
Não é poesia socialista... Não,
Meu pobre Anjo... É... simplesmente... a Vida!...

Avozinha Garoa vai contando

Avozinha Garoa vai contando
Suas lindas histórias, à lareira.
"Era uma vez... Um dia... Eis senão quando..."
Até parece que a cidade inteira

Sob a garoa adormeceu sonhando...
Nisto, um rumor de rodas em carreira...
Clarins, ao longe... (É o Rei que anda buscando
O pezinho da Gata Borralheira!)

Cerro os olhos, a tarde cai, macia...
Aberto em meio, o livro inda não lido
Inutilmente sobre os joelhos pousa...

E a chuva um'outra história principia,
Para embalar meu coração dorido
Que está pensando, sempre, em outra cousa...

Cidadezinha cheia de graça...

Cidadezinha cheia de graça...
Tão pequenina que até causa dó!
Com seus burricos a pastar na praça...
Sua igrejinha de uma torre só...

Nuvens que venham, nuvens e asas,
Não param nunca nem um segundo...
E fica a torre, sobre as velhas casas,
Fica cismando como é vasto o mundo!...

Eu que de longe venho perdido,
Sem pouso fixo (a triste sina!)
Ah, quem me dera ter lá nascido!

Lá toda a vida poder morar!
Cidadezinha... Tão pequenina
Que toda cabe num só olhar...

Canção meio acordada

Laranja! grita o pregoeiro.
Que alto no ar suspensa!
Lua de ouro entre o nevoeiro
Do sono que se esgarçou.
Laranja! grita o pregoeiro.
Laranja que salta e voa.
Laranja que vai rolando
Contra o cristal da manhã!
Mas o cristal da manhã
Fica além dos horizontes...
Tantos montes... tantas pontes...
(De frio soluçam as fontes...)
Porém fiquei, não sei como,
Sob os arcos da manhã.
(Os gatos moles do sono
Rolam laranjas de lã.)

Canção da ruazinha desconhecida

Ruazinha que eu conheço apenas
Da esquina onde ela principia...

Ruazinha perdida, perdida...
Ruazinha onde Marta fia...

Ruazinha em que eu penso às vezes
Como quem pensa numa outra vida...

E para onde hei de mudar-me, um dia,
Quando tudo estiver perdido...

Ruazinha da quieta vida...
Tristonha... tristonha...

Ruazinha onde Marta fia
e onde Maria, na janela, sonha...

Veranico

Um par de tamanquinhos
Prova o timbre da manhã.

Será o Rei dos Reis,
Com os seus tamanquinhos?

Ei-lo que volta agora zumbindo num trimotor.

Um reflexo joga os seus dados de vidro.
alta
alta
E a minha janela é alta
Como o olhar dos que seguiram o voo do primeiro balão
    Ou como esses poleiros onde cismam imóveis as invisíveis
[cacatuas de Deus.

Lunar

As casas cerraram seus milhares de pálpebras.
As ruas pouco a pouco deixaram de andar.
Só a lua multiplicou-se em todos os poços e poças.
Tudo está sob a encantação lunar...

E que importa se uns nossos artefatos
lá conseguiram afinal chegar?
Fiquem armando os sábios seus bodoques:
a própria lua tem sua usina de luar...

E mesmo o cão que está ladrando agora
é mais humano do que todas as máquinas.
Sinto-me artificial com esta esferográfica.

Não tanto... Alguém me há de ler com um meio-sorriso
cúmplice... Deixo pena e papel... E, num feitiço antigo,
à luz da lua inteiramente me luarizo...

O mapa

Olho o mapa da cidade
Como quem examinasse
A anatomia de um corpo...

(É nem que fosse o meu corpo!)

Sinto uma dor infinita
Das ruas de Porto Alegre
Onde jamais passarei...

Há tanta esquina esquisita,
Tanta nuança de paredes,
Há tanta moça bonita
Nas ruas que não andei
(E há uma rua encantada
Que nem em sonhos sonhei...)

Quando eu for, um dia desses,
Poeira ou folha levada
No vento da madrugada,
Serei um pouco do nada
Invisível, delicioso
Que faz com que o teu ar
Pareça mais um olhar,
Suave mistério amoroso,
Cidade de meu andar
(Deste já tão longo andar!)

E talvez de meu repouso...

Matinal

O tigre da manhã espreita pelas venezianas.
O vento fareja tudo.
Nos cais, os guindastes — domesticados dinossauros —
erguem a carga do dia.

Magias

Conheço uma cidade azul.
Conheço uma cidade cor de ferrugem.
Na primeira, há helicópteros pairando...
Na segunda, espiam de seus esconderijos os olhos das ratazanas...
No entanto
é a mesma cidade
e,
onde a gente estiver,
será sempre uma alma extraviada em labirintos escuros
ou, então,
uma alma perdida de amor...
Sim! por ser habitado por almas
é que este nosso mundo é um mundo mágico...
onde cada coisa — a cada passo que se der

vai mudando de aspecto...
de forma...
de cor...
Vai mudando de alma!

Noturno III

Um cartaz luminoso ri no ar
E mais outro... e mais!... Ó Noite, ó minha nega
Toda acesa
De letreiros,
Já pensaste como ainda serias mais linda
Muito mais
Se nós, os poetas, não soubéssemos ler?

Uma surpresa

Quem desça a rua da Praia na praça da Alfândega e olhe para o alto, à esquerda, será, apesar desse cuidado, recompensado com uma surpresa — uma surpresa que depois eu conto. Vivemos numa paisagem, ou antes, num cenário de demolições — o que faria da atual Porto Alegre uma ótima tomada para os filmes que se passassem em Londres ou Berlim depois de bombardeadas. Isto — quem é que não sabe? — é o Progresso. Mas que desolação, que confusão! Quando é que viveremos numa cidade pronta? Não estou mandando contra Porto Alegre. Quando estive, há pouco, em São Paulo, era a mesma coisa e, na rua, aquela agitação de formigueiro às tontas, como se alguém lhe houvesse pisado em cima.

    Uma cidade pronta, disse eu? Mas não, não me falem em Brasília. Essa é pronta demais, tão pronta, tão limpa, tão exata que parece uma maquete em tamanho natural. Falta-lhe a pátina do tempo, isto que alguns chamam de historicidade e que eu chamaria simplesmente de tradição — que é coisa que não se inventa, como andaram querendo inventar o Vovô Índio para substituir o Papai Noel que nossos avós europeus importaram consigo, não de contrabando, mas dentro de seus corações, única bagagem indevassável aos fiscais da Alfândega.

Pois bem, dentro do programa de demolição e construção, em que estava incluido muito velho pardieiro a pedir caridosa eutanásia, mas onde se cometeu também muito crime como o assassinato do velho templo barroco da igreja do Rosário, acontece que, ao fundo daquele bloco de velhas casas que foram demolidas na praça da Alfândega, que é que se vê, ao olhar à esquerda por cima do tapume? Uma palmeira! Lá bem no fundo, enfim liberta dos paredões entre os quais estivera encerrada.

Que teria levado o empreiteiro de demolições a poupá-la? Porque era uma coisa viva, saída da natureza e não de mãos humanas? Bem sei que se têm destruído florestas, como na guerra se destroem exércitos, cidades. Tão fácil esta última façanha... basta apertar um botão. O difícil é fazer a coisa individualmente, com uma só criatura. Embora a guerra não seja considerada crime, pois é feita coletivamente. Esta a diferença entre nós e os totalitarismos. Porque estes desconhecem a unicidade do indivíduo humano.

E, da mesma forma que executa friamente a destruição de florestas, o homem hesita em destruir uma árvore — tão sozinha como ele e com o mesmo direito de subsistir. Enfim, não sei se por esquecimento, ou por sentimento, é que foi poupada entre os escombros, mas lá está ela sobre o tumulto da cidade — alta, viva, verde como uma esperança de melhores dias.

Porto parado

No movimento
lento
das barcaças
amarradas
o dia
sonolento
vai inventando as variações das nuvens...

A natureza

O dia abriu seu para-sol bordado

PARA ERICO VERISSIMO

O dia abriu seu para-sol bordado
De nuvens e de verde ramaria.
E estava até um fumo, que subia,
Mi-nu-ci-o-sa-men-te desenhado.

Depois surgiu, no céu azul arqueado,
A Lua — a Lua! — em pleno meio-dia.
Na rua, um menininho que seguia
Parou, ficou a olhá-la admirado...

Pus meus sapatos na janela alta,
Sobre o rebordo... Céu é que lhes falta
Pra suportarem a existência rude!

E eles sonham, imóveis, deslumbrados,
Que são dois velhos barcos, encalhados
Sobre a margem tranquila de um açude...

Canção da primavera

PARA ERICO VERISSIMO

Primavera cruza o rio
Cruza o sonho que tu sonhas.
Na cidade adormecida
Primavera vem chegando.

Catavento enlouqueceu,
Ficou girando, girando.
Em torno do catavento
Dancemos todos em bando.

Dancemos todos, dancemos,
Amadas, Mortos, Amigos,
Dancemos todos até
Não mais saber-se o motivo...

Até que as paineiras tenham
Por sobre os muros florido!

Canção de outono

para Salim Daou

O outono toca realejo
No pátio da minha vida.
Velha canção, sempre a mesma,
Sob a vidraça descida...

Tristeza? Encanto? Desejo?
Como é possível sabê-lo?
Um gozo incerto e dorido
De carícia a contrapelo...

Partir, ó alma, que dizes?
Colher as horas, em suma...
Mas os caminhos do Outono
Vão dar em parte nenhuma!

Canção de garoa

PARA TELMO VERGARA

Em cima do meu telhado,
Pirulin lulin lulin,
Um anjo, todo molhado,
Soluça no seu flautim.

O relógio vai bater:
As molas rangem sem fim.
O retrato na parede
Fica olhando para mim.

E chove sem saber por quê...
E tudo foi sempre assim!
Parece que vou sofrer:
Pirulin lulin lulin...

Canção de nuvem e vento

Medo da nuvem
Medo Medo
Medo da nuvem que vai crescendo
Que vai se abrindo
Que não se sabe
O que vai saindo
Medo da nuvem Nuvem Nuvem
Medo do vento
Medo Medo
Medo do vento que vai ventando
Que vai falando
Que não se sabe
O que vai dizendo
Medo do vento Vento Vento
Medo do gesto
Mudo

Medo da fala
Surda
Que vai movendo
Que vai dizendo
Que não se sabe...
Que bem se sabe
Que tudo é nuvem que tudo é vento
Nuvem e vento Vento Vento!

Canção do charco

Uma estrelinha desnuda
Está brincando no charco.

Coaxa o sapo. E como coaxa!
A estrelinha dança em roda.

Cricrila o grilo. Que frio!
A estrelinha pula, pula.

Uma estrelinha desnuda
Dança e pula sobre o charco.

Para enamorá-la, o sapo
Põe seu chapéu de cozinheiro...

Uma estrelinha desnuda!

O grilo, que é pobre, esse
Escovou seu traje preto...

Desnuda por sobre o charco!

Uma estrelinha desnuda
Brinca... e de amantes não cuida...
Que brancos são seus pezinhos...
Que nua!

Canção da chuva e do vento

Dança, Velha. Dança. Dança.
Põe um pé. Põe outro pé.
Mais depressa. Mais depressa.
Põe mais pé. Pé. Pé.

Upa. Salta. Pula. Agacha.
Mete pé e mete assento.
Que o velho agita, frenético,
O seu chicote de vento.

Mansinho agora... mansinho
Até de todo caíres...
Que o Velho dorme de velho
Sob os arcos do Arco-Íris.

O dia

O dia de lábios escorrendo luz
O dia está na metade da laranja
O dia sentado nu
Nem sente os pesados besouros
Nem repara que espécie de ser... ou deus.., ou animal é esse que
[passa no frêmito da hora
Espiando o brotar dos seios.

Caligrafias

Delícia de olhar, no céu, os v v v dos voos distanciando-se...

Tempestade noturna

Noite alta,
na soçobrante Nau exposta aos quatro ventos,
em pleno céu sulcado de relâmpagos,
os marinheiros mortos trovejam palavrões.
Ó velhos marinheiros meus avós...
para eles ainda não terminou a espantosa Era dos Descobrimentos!

Santa Bárbara
e São Jerônimo,
transidos de divino amor,
escutam suas pragas como orações.

Quando eu acordar amanhã, livre e liberto como uma asa,
vou rezar a São Jerônimo
vou rezar a Santa Bárbara
por este nosso fim de século — pobre Nau perdida no
                                                   [nevoeiro —
que em vão busca o rumo

das eternas, das misteriosas Américas ainda por descobrir!

Os arroios

Os arroios são rios guris...
Vão pulando e cantando dentre as pedras.
Fazem borbulhas d'água no caminho: bonito!
Dão vau aos burricos,
às belas morenas,
curiosos das pernas das belas morenas.
E às vezes vão tão devagar
que conhecem o cheiro e a cor das flores
que se debruçam sobre eles nos matos que atravessam
e onde parece quererem sestear.
Às vezes uma asa branca roça-os, súbita emoção
como a nossa se recebêssemos o miraculoso encontrão
de um Anjo...
Mas nem nós nem os rios sabemos nada disso.
Os rios tresandam óleo e alcatrão
e refletem, em vez de estrelas,

os letreiros das firmas que transportam utilidades.
Que pena me dão os arroios,
os inocentes arroios...

Pequeno poema de após chuva

Frescor agradecido de capim molhado
Como alguém que chorou
E depois sentiu uma grande, uma quase envergonhada alegria
Por ter a vida
Continuado...

Louca

Súbito
Em meio àquele escuro quarteirão fabril
Das minhas mãos se escapou um pássaro maravilhoso
E eu te amei como quem solta um grito,
Ó Lua enorme
Incompreensível...
Por que sempre me espantas e me assustas, Louca,
Como se eu te visse sempre pela primeira vez?!

Atividades invisíveis

Os anjos deslizam em invisíveis escadas rolantes.
Os demônios pedalam bicicletas invisíveis.
E só sabemos da sua presença por uma leve aragem na face.
Ou por uma dessas ventanias súbitas que arrepanham as saias,
que nos enchem os olhos de poeira e viram os guarda-chuvas pelo avesso.

A música e a letra

Os pássaros pousados na pauta dos fios do telégrafo,
Eles é que vão sucessivamente improvisando
— um após outro —
A letra e a música dos ventos...

Infância e adolescência

A ciranda rodava no meio do mundo,

para Lino de Mello e Silva

A ciranda rodava no meio do mundo,
No meio do mundo a ciranda rodava.
E quando a ciranda parava um segundo,
Um grilo, sozinho no mundo, cantava...

Dali a três quadras o mundo acabava.
Dali a três quadras, num valo profundo...
Bem junto com a rua o mundo acabava.
Rodava a ciranda no meio do mundo...

E Nosso Senhor era ali que morava,
Por trás das estrelas, cuidando o seu mundo...
E quando a ciranda por fim terminava

E o silencio, em tudo, era mais profundo,
Nosso Senhor esperava.., esperava...
Cofiando as suas barbas de Pedro Segundo.

Canção de junto do berço

Não te movas, dorme, dorme
O teu soninho tranquilo.
Não te movas (diz-lhe a Noite)
Que inda está cantando um grilo...

Abre os teus olhinhos de ouro
(O Dia lhe diz baixinho).
É tempo de levantares
Que já canta um passarinho...

Sozinho, que pode um grilo
Quando já tudo é revoada?
E o Dia rouba o menino
No manto da madrugada...

Canção da aia para o filho do rei

Mandei pregar as estrelas
Para velarem teu sono.
Teus suspiros são barquinhos
Que me levam para longe...
Me perdi no céu azul
E tu, dormindo, sorrias.
Despetalei uma estrela
Para ver se me querias...
Aonde irão os barquinhos?
Com que será que tu sonhas!
Os remos mal batem n'água...
Minhas mãos dormem na sombra.
A quem será que sorris?
Dorme quieto, meu reizinho.
Há dragões na noite imensa,
Há emboscadas nos caminhos...

Despetalei as estrelas,
Apaguei as luzes todas.
Só o luar te banha o rosto
E tu sorris no teu sonho.
Ergues o braço nuzinho,
Quase me tocas... A medo
Eu começo a acariciar-te
Com a sombra de meus dedos...
Dorme quieto, meu reizinho.
Os dragões, com a boca enorme,
Estão comendo os sapatos
Dos meninos que não dormem...

Canção de muito longe

Foi-por-cau-sa-do-bar-quei-ro

E todas as noites, sob o velho céu arqueado de bugigangas,
A mesma canção jubilosa se erguia.

A canoooavirou
Quemfez elavirar? uma voz perguntava.

Os luares extáticos...

A noite parada...

Foi por causa do barqueiro,
Que não soube remar.

A adolescente

Vai andando e vai crescendo. É toda esganifrada: a voz, os gestos, as pernas... Antílopes! vejo antílopes quando ela passa! Pois deixa, passando, um friso de antílopes, de bambus ao vento, de luas andantes, mutáveis, crescentes...

Crianças gazeando a escola

Atiraram tinteiros no tigre. E enquanto seus gritos arranhavam as claras vidraças azuis, era lindo ver como ele ia virando pantera: uma linda pantera toda preto e ouro!

Encostaram escadas no elefante. Dançaram em cima do elefante. O mais piquinininho fez um gostoso xixi no lombo do elefante.

Mas como era mesmo impossível esgotar a paciência do bicho, apearam todos, aos trambolhões, e foram ver o que fazia, à beira do banhado, o crocodilo verde.

O crocodilo abriu uma boca deste tamanho, depois fechou-a de súbito — plaque! — como quem fecha um atlas, terminada a maçante aula de geografia. E o mais piquinininho ficou sem cabeça.

O Anjo Malaquias

O Ogre rilhava os dentes agudos e lambia os beiços grossos, com esse exagerado ar de ferocidade que os monstros gostam de aparentar, por esporte.

Diante dele, sobre a mesa posta, o Inocentinho balava, imbele. Chamava-se Malaquias — tão piquinininho e rechonchudo, pelado, a barriguinha pra baixo, na tocante posição de certos retratos da primeira infância...

O Ogre atou o guardanapo no pescoço. Já ia o miserável devorar o Inocentinho, quando Nossa Senhora interferiu com um milagre. Malaquias criou asas e saiu voando, voando, pelo ar atônito... saiu voando janela em fora...

Dada, porém, a urgência da operação, as asinhas brotaram-lhe apressadamente na bunda, em vez de ser um pouco mais acima, atrás dos ombros. Pois quem nasceu para mártir, nem mesmo a Mãe de Deus lhe vale!

Que o digam as nuvens, esses lerdos e desmesurados cágados das alturas, quando, pela noite morta, o Inocentinho passa por entre elas, voando em esquadro, o pobre, de cabeça pra baixo.

E o homem que, no dia do ordenado, está jogando os sapatos dos filhos, o vestido da mulher e a conta do vendeiro, esse ouve, no entrechocar das fichas, o desatado pranto do Anjo Malaquias!

E a mundana que pinta o seu rosto de ídolo... E o empregadinho em falta que sente as palavras de emergência fugirem-lhe como cabelos de afogado... E o orador que para em meio de uma frase... E o tenor que dá, de súbito, uma nota em falso... Todos escutam, no seu imenso desamparo, o choro agudo do Anjo Malaquias!

E quantas vezes um de nós, ao levar o copo ao lábio, interrompe o gesto e empalidece... — O Anjo! O Anjo Malaquias! — ... E então, pra disfarçar, a gente faz literatura... e diz aos amigos que foi apenas uma folha morta que se desprendeu... ou que um pneu estourou, longe... na estrela Aldebaran...

O adolescente

A vida é tão bela que chega a dar medo,

Não o medo que paralisa e gela,
estátua súbita,
mas

esse medo fascinante e fremente de curiosidade que faz
o jovem felino seguir para a frente farejando o vento
ao sair, a primeira vez, da gruta.

Medo que ofusca: luz!

Cumplicemente,
as folhas contam-te um segredo
velho como o mundo:

Adolescente, olha! A vida é nova...
A vida é nova e anda nua
— vestida apenas com o teu desejo!

Sei que choveu à noite

Sei que choveu à noite. Em cada poça há um brilho azul e nítido.
Sobre as telhas, os diabinhos invisíveis do vento escorregam num
[louco tobogã.
Um mesmo frêmito agita as roupas nos varais e os brincos nas
[orelhas...
Ó ânsia aventureira! Parece que surgem bandeirolas nos dedos
[mágicos dos inspetores do tráfego... Ah, que vontade de
[desobedecer os sinais!
E mesmo as escolas, onde agora está presa a meninada, nunca
[essas escolas rimaram tão bem com opressivas gaiolas...
Só deveria haver escolas para meninos-poetas, onde cada um
[estudasse com todo o gosto e vontade o que traz na cabeça
[e não o que já está escrito nos manuais.
E, se duvidares muito, daqui a pouco sairão voando todas as
[gravatas-borboletas, enquanto os seus donos atônitos aguardam

[o sinal verde nas esquinas. Decerto elas foram em busca
[de novos ares...
Mas sossega, coração inquieto. Não vês? Sob o azul cada vez
[mais azul, a cidade lentamente está zarpando para um porto
[fantástico do Oriente.

Uma historinha mágica

PARA LILI

Era um burrinho azul, vindo do céu.
Via-o de madrugada no meu sonho...
E eu sempre lhe servia, em meu chapéu,
bolas de nhaque feitas de arco-íris!

Nunca as achei por isso nos bazares
quando a cidade despertava, exata,
e só restava da Cidade Oculta
um passo leve de menina-flor...

E era um menino preguiçoso e triste
e quando ele sorria por acaso
ninguém lhe fosse perguntar por quê!

Ele sabia histórias sem enredo,
pois não queria que acabassem nunca:
— Era um burrinho... uma menina... e...

As sete namoradas

"Era uma vez um príncipe que tinha sete namoradas: uma namorada branca, uma namorada amarela, uma namorada preta, uma namorada verde, uma namorada azul..."

Neste ponto interrompi o improviso, para ver o efeito em meu pequeno auditório. Havia seis pares de olhos deslumbrados. Continuei, então: "...é que uma andava sempre vestida de branco, a outra sempre vestida de amarelo, a outra..."

— Ora! — protestou Lili, interpretando os sentimentos do público — então não havia uma azul de verdade?!

Um fracasso, a minha história. Mas aprendera que o essencial, em histórias para crianças, é que o fantástico seja real por assim dizer, que haja uma namorada azul de verdade, como queria Lili. Nada de explicações lógicas, como acontece nas aventuras do padre Brown, sempre tão maravilhosas no início, mas que, depois que o raio do padre começa a raciocinar e destrinchar tudo, deixam certo desapontamento infantil nos leitores adultos.

A adolescente

Arvorezinha crescendo...
    crescendo...
        crescendo...
Até brotarem dois pomos!

Mapa secreto

Na mancha do pelo das vacas o menino estuda a geografia de suas ilhas imaginárias.

O amor

Canção de vidro

E nada vibrou...
Não se ouviu nada...
Nada...

Mas o cristal nunca mais deu o mesmo som.

Cala, amigo...
Cuidado, amiga...
Uma palavra só
Pode tudo perder para sempre...

E é tão puro o silêncio agora!

A canção que não foi escrita

Alguém sorriu como Nossa Senhora à alma triste do Poeta.
Ele voltou para casa
E quis louvar o bem que lhe fizeram.

Adormeceu...

E toda a noite brilhou no sono de uma pobre estrelinha perdida,

Trêmula
Como uma luz contra o vento...

Canção de domingo

Que dança que não se dança?
Que trança não se destrança?
O grito que voou mais alto
Foi um grito de criança.

Que canto que não se canta?
Que reza que não se diz?
Quem ganhou maior esmola
Foi o Mendigo Aprendiz.

O céu estava na rua?
A rua estava no céu?
Mas o olhar mais azul
Foi só ela quem me deu!

De repente

Olho-te espantado:
Tu és uma Estrela do Mar.
Um minério estranho.
Não sei...

No entanto,
O livro que eu lesse,
O livro na mão.
Era sempre o teu seio!

Tu estavas no morno da grama,
Na polpa saborosa do pão...

Mas agora encheram-se de sombra os cântaros

E só o meu cavalo pasta na solidão.

Cântico

O vento verga as árvores, o vento clamoroso da aurora...
Tu vens precedida pelos voos altos,
Pela marcha lenta das nuvens.
Tu vens do mar, comandando as frotas do Descobrimento!
Minh'alma é trêmula da revoada dos Arcanjos.
Eu escancaro amplamente as janelas.
Tu vens montada no claro touro da aurora.
Os clarins de ouro dos teus cabelos cantam na luz!

Eu queria trazer-te uns versos muito lindos

Eu queria trazer-te uns versos muito lindos
colhidos no mais íntimo de mim...
Suas palavras
seriam as mais simples do mundo,
porém não sei que luz as iluminaria
que terias de fechar teus olhos para as ouvir...
Sim! uma luz que viria de dentro delas,
como essa que acende inesperadas cores
nas lanternas chinesas de papel.
Trago-te palavras, apenas... e que estão escritas
do lado de fora do papel... Não sei, eu nunca soube
o que dizer-te
e este poema vai morrendo, ardente e puro, ao vento
da Poesia...
como
uma pobre lanterna que incendiou!

Souvenir d'enfance

Minha primeira namorada me escutava com um ar de
                        [cachorrinho Victor:
todas aquelas minhas grandes mentirinhas eram verdades
                                        [para ela...
Para mim também!

Gostosuras

Tua saudade tem gosto de amora.
O teu beijo tem gosto de pitanga.

Brasa dormida

Da minha vida, o que eu me lembro
É uma
Sucessão de janelas fechadas
Nalgum país de sonho...

Apago-me, suponho,
Como as luzes de uma festa.

Ah! uma coisa resta,
Misterioso reflexo no escuro:

Teus lábios úmidos como frutos mordidos!

A poesia

Palavras

I

Há palavras verdadeiramente mágicas. O que há de mais assustador nos monstros é a palavra "monstro". Se eles se chamassem leques ou ventarolas, ou outro nome assim, todo arejado de vogais, quase tudo se perderia do fascinante horror de Frankenstein...

II

Mas há palavras infelizes. Umbigo, por exemplo. Um dia Álvaro Moreyra me disse que "umbigo" era a palavra mais engraçada da língua portuguesa. Engraçada, não! Triste é que é. Por culpa sua, como jamais poderemos cantar o umbigo da bem-amada? Eis aí um encanto para sempre oculto...

III

Em compensação, temos a palavra "voluptuosidade", tão sinuosa, tão espreguiçada, tão ela mesma... Por sinal que, como a suspeitasse de galicismo, propôs o clérigo Bluteau, já no século XVIII, substituí-la por "voluptade" — o que bem evidencia as castas virtudes do saudoso frade.

IV
E não sei ao certo quem era ela, nem o que ela fez, mas tenho a certeza de que Dona Urraca foi uma das princesas mais infelizes do mundo...

V
A palavra volutabro merecia ter outro significado.

VI
E badulaques sempre me pareceu que fossem crótalos de bispo.

VII
Nem faltará algum leitor metido a profundo que me julgue à tona das coisas ao me ver tão ocupado com palavras. Escusado lembrar-lhe que a poesia é uma das artes plásticas e que o seu material são as palavras, as misteriosas palavras...

Da difícil facilidade

É preciso escrever um poema várias vezes para que dê a impressão de que foi escrito pela primeira vez.

Coisas & pessoas

Desde pequeno, tive tendência para personificar as coisas. Tia Tula, que achava que mormaço fazia mal, sempre gritava: "Vem pra dentro, menino, olha o mormaço!" Mas eu ouvia o mormaço com M maiúsculo. Mormaço, para mim, era um velho que pegava crianças! Ia pra dentro logo. E ainda hoje, quando leio que alguém se viu perseguido pelo clamor público, vejo com estes olhos o Sr. Clamor Público, magro, arquejante, de preto, brandindo um guarda-chuva, com um gogó protuberante que se abaixa e levanta no excitamento da perseguição. E já estava devidamente grandezinho, pois devia contar uns trinta anos, quando me fui, com um grupo de colegas, a ver o lançamento da pedra fundamental da ponte Uruguaiana-Libres, ocasião de grandes solenidades, com os presidentes Justo e Getúlio, e gente muita, tanto assim que fomos alojados os do meu grupo num casarão que creio fosse a Prefeitura, com os demais jornalistas do Brasil e Argentina. Era como um alojamento de quartel, com breve espaço entre as camas e todas as portas e janelas abertas, tudo com os alegres incômodos e duvidosos encantos de uma coletividade democrática.

Pois lá pelas tantas da noite, como eu pressentisse, em meu entredormir, um vulto junto à minha cama, sentei-me estremunhado e olhei atônito para um tipo de chiru, ali parado, de bigodes caídos, pala pendente e chapéu descido sobre os olhos. Diante da minha muda interrogação, ele resolveu explicar-se, com a devida calma:

— Pois é! Não vê que eu sou o sereno...

E eis que, por um milésimo de segundo, ou talvez mais, julguei que se tratasse do silêncio noturno em pessoa. Coisas do sono? Além disso, o vulto, aquele penumbroso e todo em linhas descendentes, ajudava a ilusão. Mas por que desculpar-me? Quase imediatamente compreendi que o "sereno" era um vigia noturno, uma espécie de anjo da guarda crioulo e municipal.

Por que desculpar-me, se os poetas criaram os deuses e semideuses para personificar as coisas, visíveis e invisíveis... E o sereno da Fronteira deve andar mesmo de chapéu desabado, bigode, pala e de pé no chão... sim, ele estava mesmo de pés descalços, decerto para não nos perturbar o sono mais ou menos inocente.

O tempo e o vento

Para Erico Verissimo,
em comemoração aos seus 65 anos

Havia uma escada que parava de repente no ar.
Havia uma porta que dava para não se sabia o quê
Havia um relógio onde a morte tricotava o tempo

Mas havia um arroio correndo entre os dedos buliçosos dos pés
E pássaros pousados na pauta dos fios do telégrafo

E o vento!

O vento que vinha desde o princípio do mundo
Estava brincando com teus cabelos...

*****

A beleza dos versos impressos em livro
— serena beleza com algo de eternidade —
Antes que venha conturbá-los a voz das declamadoras.
Ali repousam eles, misteriosos cântaros,

Nas suas frágeis prateleiras de vidro...
Ali repousam eles, imóveis e silenciosos.
Mas não mudos e iguais como esses mortos em suas tumbas.
Têm, cada um, um timbre diverso de silêncio...
Só tua alma distingue seus diferentes passos,
Quando o único rumor em teu quarto
É quando voltas, de alma suspensa — mais uma página
Do livro... Mas um verso fere o teu peito como a espada de um
                                                                   [anjo.
E ficas, como se tivesses feito, sem querer, um milagre...
Oh! que revoada, que revoada de asas!

A poesia é necessária

Título de uma antiga seção do velho Braga na Manchete. Pois eu vou mais longe ainda do que ele. Eu acho que todos deveriam fazer versos. Ainda que saiam maus. É preferível, para a alma humana, fazer maus versos a não fazer nenhum. O exercício da arte poética é sempre um esforço de autossuperação e, assim, o refinamento do estilo acaba trazendo a melhoria da alma.

E, mesmo para os simples leitores de poemas, que são todos eles uns poetas inéditos, a poesia é a única novidade possível. Pois tudo já está nas enciclopédias, que só repetem estupidamente, como robôs, o que lhes foi incutido. Ou embutido. Ah, mas um poema, um poema é outra coisa...

Os poemas

Os poemas são pássaros que chegam
não se sabe de onde e pousam
no livro que lês.
Quando fechas o livro, eles alçam voo
como de um alçapão.
Eles não têm pouso
nem porto
alimentam-se um instante em cada par de mãos
e partem.
E olhas, então, essas tuas mãos vazias,
no maravilhado espanto de saberes
que o alimento deles já estava em ti...

O encontro

Subitamente
na esquina do poema, duas rimas
olham-se, atônitas, comovidas,
como duas irmãs desconhecidas...

O apanhador de poemas

Um poema sempre me pareceu algo assim como um pássaro engaiolado...
E que, para apanhá-lo vivo, era preciso um cuidado infinito. Um poema
não se pega a tiro. Nem a laço. Nem a grito. Não, o grito é o que mais o
espanta. Um poema, é preciso esperá-lo com paciência e silenciosamente
como um gato. É preciso que lhe armemos ciladas: com rimas, que são
o seu alpiste; há poemas que só se deixam apanhar com isto. Outros que
só ficam presos atrás das catorze grades de um soneto. É preciso esperá-lo
com assonâncias e aliterações, para que ele cante. É preciso recebê-lo com
ritmo, para que ele comece a dançar. E há os poemas livres, imprevisíveis.
Para esses é preciso inventar, na hora, armadilhas imprevistas.

Bric-à-brac

Os pianos de cauda, as sobrecasacas, as caudas dos vestidos de noiva, tudo isso está sendo contrabandeado para o reino brumoso das lendas. Agora, nem ao menos a esperança me resta de rever o cometa de Halley, com a sua ondulante cauda de cavalo celeste — a mais bela, a mais remota recordação da minha vida.

(1954)

O leitor ideal

O leitor ideal para o cronista seria aquele a quem bastasse uma frase.
    Uma frase? Que digo? Uma palavra!
    O cronista escolheria a palavra do dia: "Árvore" por exemplo, ou "Menina".
    Escreveria essa palavra bem no meio da página, com espaço em branco para todos os lados, como um campo aberto aos devaneios do leitor.
    Imaginem só uma meninazinha solta no meio da página.
    Sem mais nada.
    Até sem nome.
    Sem cor de vestido nem de olhos.
    Sem se saber para onde ia...
    Que mundo de sugestões e de poesia para o leitor!
    E que cúmulo de arte a crônica! Pois bem sabeis que arte é sugestão...
    E se o leitor nada conseguisse tirar dessa obra-prima, poderia o autor alegar, cavilosamente, que a culpa não era do cronista.

Mas nem tudo estaria perdido para esse hipotético leitor fracassado, porque ele teria sempre à sua disposição, na página, um considerável espaço em branco para tomar os seus apontamentos, fazer os seus cálculos ou a sua fezinha...

Em todo caso, eu lhe dou de presente, hoje, a palavra "Ventania". Serve?

O cotidiano

Objetos perdidos

Os guarda-chuvas perdidos... aonde vão parar Os guarda-chuvas perdidos? E os botões que se desprenderam? E as pastas de papéis, os estojos de *pince-nez*, as maletas esquecidas nas gares, as dentaduras postiças, os pacotes de compras, os lenços com pequenas economias, aonde vão parar todos esses objetos heteróclitos e tristes? Não sabes? Vão parar nos anéis de Saturno, são eles que formam, eternamente girando, os estranhos anéis desse planeta misterioso e amigo.

História do futuro

A velha máquina do mundo arqueja,
arqueja, não pode mais, não pode
mais...
A torcida
de um lado e outro grita:
— Pode! Não pode! Pode! Não pode! Pode!
A velha máquina,
obsoleta como essas comovedoras criaturas a quem apelidaram Ford
de bigode,
a velha máquina, num derradeiro esforço,
explode: — Pifff...
Mal se ouviu.
Uns riem.
Outros, os últimos românticos, arrepelam-se: "Então
isto é explosão
que se preze? Onde é que está

onde é que está aquele último dó de gavetão
como só os pode soltar um verdadeiro leão
no seu canto de cisne?!"
Ora, depois que se dissipou no ar a última fumacinha,
os curiosos, isto é, os sádicos
foram se aproximando na ponta dos pés:
aquilo estava irreconhecível... pura, pura sucata!
Mas
o Canhoto apontou no seu canhenho:
"Avisar Abraão para avaliar."
Só ele, na perplexidade universal,
só ele, o Canhoto, é que tinha razão.
Porque a sucata,
na verdade
— seja o que for
que tenha sido —,
é um mero estado transitório do material em disponibilidade.
Não tem nada de trágico.
A sucata é o material em férias...
Alegremo-nos, irmãos.
Amigos e inimigos, demo-nos todos as mãos
e dancemos de roda em redor dos destroços
sobre o chão da miséria...
Dancemos e cantemos
— chocalhando os ossos —
a nossa
mais esperançosa canção...
Porque a sucata quanto mais sucata
mais pode vir a ser UMA OUTRA COISA!

Ritmo

Na porta
a varredeira varre o cisco
varre o cisco
varre o cisco

Na pia
a menininha escova os dentes
escova os dentes
escova os dentes

No arroio
a lavadeira bate roupa
bate roupa
bate roupa

até que enfim
                se desenrola
                      toda a corda

e o mundo gira imóvel como um pião.

Elegia

Há coisas que a gente não sabe nunca o que fazer com elas...
Uma velhinha sozinha numa gare.
Um sapato preto perdido do seu par: símbolo
Da mais absoluta viuvez.
As recordações das solteironas.
Essas gravatas
De um mau gosto tocante
Que nos dão as velhas tias.
As velhas tias.
Um novo parente que se descobre.
A palavra "quincúncio".
Esses pensamentos que nos chegam de súbito nas ocasiões mais
[impróprias.

Um cachorro anônimo que resolve ir seguindo a gente pela
[madrugada na cidade deserta.
Este poema, este pobre poema
Sem fim...

Anotação para um poema

As mãos que dizem adeus são pássaros
Que vão morrendo lentamente

Segunda

O pior da segunda-feira é que a gente sempre chega atrasado. "Meu Deus! como é que eu fui perder a primeira feira?!"

Terça

Compro num sebo e releio uma velha edição (1940) de *A laguna azul*, tradução minha. Uma das vantagens da falta de memória é que a vou lendo como se fora coisa nova. Uma deliciosa novela de H. de Vere Stacpoole, que ninguém mais sabe quem é. Copio da página 12:
"Ao alto, perto do arco de prata da Via-láctea, o Cruzeiro do Sul pendia como uma pandorga quebrada".
Uma pandorga quebrada... Pois não é isso mesmo? Como é que ainda não tínhamos descoberto?

Quarta

"É bonito mas é triste" — frase que ainda se ouve da parte de senhoras que ainda leem. Não sei o que tem o belo (não o "bonito") a ver com o triste ou o alegre — conceitos aliás tão relativos... A beleza — que está acima dessas e outras coisas, embora possa incluí-las —, a beleza não comporta adjetivos.

Quinta

Um dia de espantos, hoje. Conversando com uma rapariga em flor, estudante, queixa-se ela da dificuldade da língua portuguesa; espanto-me:
— Mas como pode ser difícil uma língua em que você está falando comigo há dez minutos, com toda a facilidade?
Ela ficou espantada.

Sexta

Sala de espera no consultório. Sala de espera? Não: sala de recordações. É que as revistas são tão antigas que a gente — ó milagre! — fica sempre alguns anos mais jovem.

Sábado

Um vento rápido de primavera. Tua orelha desnuda-se. O que seria, o que seria que te disse o vento?!

Da influência dos espelhos

Tu te lembras daqueles grandes espelhos de feiticeiro que certos proprietários colocavam à entrada de seus estabelecimentos para atrair os fregueses, achatando-os, alongando-os, deformando-os nas mais estranhas configurações?

Nós, a miuçalha, achávamos uma bruta graça naquilo, bem sabíamos que era tudo ilusão, embora talvez nem conhecêssemos o sentido da palavra "ilusão".

Não, absolutamente não éramos aquilo!

E só muitos anos depois viríamos a descobrir que, para os outros, não éramos precisamente isto que somos — mas aquilo que os outros veem...

Cuidado, incauto leitor! Há casos em que alguns acabam adaptando-se a essas imagens enganosas, despersonalizando-se, para o resto da vida, num segundo "eu".

O eu dos outros...

Pois que pode uma alma, ainda por cima invisível, contra o testemunho de milhares de espelhos?

A arte de viver

A arte de viver
É simplesmente a arte de conviver...
Simplesmente, disse eu?
Mas como é difícil!

O humor

Provérbio

O seguro morreu de guarda-chuva.

Horror

Com os seus OO de espanto, seus RR guturais, seu hirto H, HORROR é uma palavra de cabelos em pé, assustada da própria significação.

Tableau!

Nunca se deve deixar um defunto sozinho. Ou, se o fizermos, é recomendável tossir discretamente antes de entrar de novo na sala. Uma noite em que eu estava a sós com uma dessas desconcertantes criaturas, acabei aborrecendo-me (pudera!) e fui beber qualquer coisa no bar mais próximo. Pois nem queira saber... Quando voltei, quando entrei inopinadamente na sala, estava ele sentado no caixão, comendo sofregamente uma das quatro velas que o ladeavam. E só Deus sabe o constrangimento em que nos vimos os dois, os nossos míseros gestos de desculpa e os sorrisos amarelos que trocamos...

Dos mundos

Deus criou este mundo. O homem, todavia,
Entrou a desconfiar, cogitabundo...
Decerto não gostou lá muito do que via...
E foi logo inventando o outro mundo.

Da mediocridade

Nossa alma incapaz e pequenina
Mais complacência que irrisão merece.
Se ninguém é tão bom quanto imagina,
Também não é tão mau como parece.

Do capítulo primeiro do Gênesis

Sesteava Adão. Quando, sem mais aquela,
Se achega Jeová e diz-lhe, malicioso:
"Dorme, que este é o teu último repouso."
    E retirou-lhe Eva da costela.

Da humana condição

Custa o rico a entrar no Céu
(Afirma o povo e não erra.)
Porém muito mais difícil
É um pobre ficar na terra...

Mastiga-me devagarinho

"Deu um suspiro, retesou-se no assento e tombou."

Tomei nota da frase para estudar o que havia de errado nela, ou em mim, visto que a achei de um cômico irresistível.

A notação e sequência dos fatos estavam exatas, o estilo, enxuto. Como era, então, que a gente ria tanto, em vez de chorar?

Mas agora, passando a limpo a referida transcrição (de um de nossos clássicos), não atino como não descobri logo a coisa. O pique estava na rápida e por assim dizer convulsiva sucessão dos gestos, como naqueles jornais cinematográficos de antigamente. O suspense requer suspensão do tempo, emoção em câmara lenta.

O suspense é o *strip-tease* do horror.

"Mastiga-me devagarinho!" — dizem os viciados, no escuro das salas de projeção, enquanto no Outro Mundo, ou quem sabe se logo ali por detrás da tela, Sacher-Masoch e o Marquês de Sade estão dançando os dois em vagarosa pavana...

Muito bonito, mas não é bem assim. "Suspense", por culpa de Mestre Hitchcock, tem se aplicado unicamente a essas taradezas. O que eu queria dizer é que todas, todas as coisas têm de ser dosadas com suspense, para poderem impressionar e encantar.

Mestra de estilo, feiticeira da arte narrativa, era aquela negra velha que nos contava histórias em pequeninos. Ficávamos literalmente no ar, nem respirávamos quando ela, encompridando a corda, dizia arrastadamente esta longa frase, cheia de nada e de tudo:

— E vai daí o príncipe pegou e disse...

Delícia

O que tem de bom uma galinha assada é que ela não cacareja.

Acidentes

O despertador é um acidente de tráfego do sono. Mas é um só.
Ao passo que durante o dia somos a toda hora sinistrados pelos telefones.

Incorrigível

O fantasma é um exibicionista póstumo.

A escrita

Um trouxe a mirra, o outro o incenso, o terceiro o ouro.
Incenso e mirra evaporaram-se... Mas e o ouro?
Os textos nada dizem quanto à aplicação do ouro.

Poeminha do contra

Todos esses que aí estão
Atravancando o meu caminho,
Eles passarão...
Eu passarinho!

Drácula

Quando me encontrei com o Conde Drácula, por uma destas noites de inverno, na Esquina dos Ventos Uivantes, tinha ele o aspecto de um grande guarda-chuva de varetas quebradas. Foi o que eu lhe disse. Ele deu meia-volta e partiu revoando, aos solavancos, decerto para quebrar a cara do diretor do filme... Esses pobres monstros ainda não compreenderam toda a grandeza da sua verdadeira tragédia, que é a tragédia do ridículo.

Um pouco de geometria

A curva é o caminho mais agradável entre dois pontos.

Aquele estranho animal

Os do Alegrete dizem que o causo se deu em Itaqui, os de Itaqui dizem que foi no Alegrete, outros juram que só poderia ter acontecido em Uruguaiana. Eu não afirmo nada: sou neutro.

    Mas, pelo que me contaram, o primeiro automóvel que apareceu entre aquela brava indiada, eles o mataram a pau, pensando que fosse um bicho. A história foi assim como já lhes conto, metade pelo que ouvi dizer, metade pelo que inventei, e a outra metade pelo que sucedeu às deveras. Viram? É uma história tão extraordinária mesmo que até tem três metades... Bem, deixemos de filosofança e vamos ao que importa. A coisa foi assim, como eu tinha começado a lhes contar.

    Ia um piazinho estrada fora no seu petiço — tropt, tropt, tropt (este é o barulho do trote) – quando de repente ouviu — fufufupubum! fufufupubum chiiiipum!

    E eis que a "coisa", até então invisível, apontou por detrás de um capão, bufando que nem touro brigão, saltando que nem pipoca, se traqueando que nem velha coroca, chiando que nem chaleira derramada e largando fumo pelas ventas como a mula sem cabeça.

"Minha Nossa Senhora."

O piazinho deu meia-volta e largou numa disparada louca rumo da cidade, com os olhos do tamanho de um pires e os dentes rilhando, mas bem cerrados para que o coração aos corcoveios não lhe saltasse pela boca.

É claro que o petiço ganhou luz do bicho, pois no tempo dos primeiros autos eles perdiam para qualquer matungo.

Chegado que foi, o piazinho contou a história como pôde, mal e mal e depressa, que o tempo era pouco e não dava para maiores explicações, pois já se ouvia o barulho do bicho que se aproximava.

Pois bem, minha gente: quando este apareceu na entrada da cidade, caiu aquele montão de povo em cima dele, os homens uns com porretes, outros com garruchas que nem tinham tido tempo para carregar de pólvora, outros com boleadeiras, mas todos de a pé, porque também nem houvera tempo para montar, e as mulheres umas empunhando as suas vassouras, outras as suas pás de mexer marmelada, e os guris, de longe, se divertindo com os seus bodoques, cujos tiros iam acertar em cheio nas costas dos combatentes. E tudo abaixo de gritos e pragas que nem lhes posso repetir aqui.

Até que enfim houve uma pausa para respiração.

O povo se afastou, resfolegante, e abriu-se uma clareira, no meio da qual se viu o auto emborcado, amassado, quebrado, escangalhado, e não digo que morto, porque as rodas ainda giravam no ar, nos últimos transes de uma teimosa agonia. E quando as rodas pararam, as pobres, eis que o motorista, milagrosamente salvo, saiu penosamente engatinhando por debaixo dos escombros de seu ex-automóvel.

— A la pucha! — exclamou então um guasca, entre espantado e penalizado — o animal deu cria!

Haikai

Em meio da ossaria
Uma caveira piscava-me...
Havia um vaga-lume dentro dela.

Olhinhos azuis

As menininhas não devem sair sozinhas à noite. É perigoso. Podem encontrar o conde Drácula e é sabido o amor que ele tem pelas menininhas, sentimento por elas correspondido, pois o conde, com aquele seu amplo manto negro, lhes faz lembrar o Superman, o Batman, os heróis das histórias em quadrinhos. Ora, no último sábado uma delas fugiu de casa para ir gastar seus troquinhos na venda da esquina — enquanto os pais, os criados, os visitantes, todo mundo se achava hipnotizado pela novela da TV. Eis senão quando surge inesperadamente, diante da menininha, vocês já adivinharam quem: o irresistível conde! Mal deu tempo para a menininha respirar: desdobrou amplamente diante dela, como as asas de uma enorme borboleta noturna, o seu manto negro forrado de veludo vermelho, enquanto a menininha tremia ao mesmo tempo de medo e prazer. Despediu-se da menininha com um paternal beijo na testa, olhou-a bem nos olhos, suspirou fundo e disse:

— Sabes? Os teus olhinhos são duas joias. (Eram na verdade duas joias: de um azul-inocência, parecia até que o céu é que estava olhando por detrás deles para a gente...)

— Mas como seria possível, meu velho — desculpava-se Drácula naquela mesma noite com o seu amigo Frankenstein —, como seria possível, com dois olhinhos só, fazer um par de abotoaduras?

Chispa

O automóvel que passa e a vitrine da esquina travam um duelo de reflexos.

K

Letra caminhante.

Ortografia transcendental

Alucinação deveria escrever-se com "h". Olhem só: halucinação! Não é mesmo? Tanto mais que, desde que os antigos fantasmas o perderam, o "h" é uma letra fantasmal.

Astronomia

Dizem os astrólogos que Saturno é taciturno. Mas só se for para rimar... Com seus multicoloridos anéis, ele é, dentre os seus pobres irmãos do sistema solar, o único planeta que faz bambolê.

Pergunta inocente

Mas se as bruxas têm tantos poderes — por que serão tão velhas, tão feias, tão pobres, tão sujas?

Os três reis magos

Um trouxe a mirra,
Outro o incenso,
Outro o ouro.
Mirra e incenso evaporaram-se
E, agora,
Ainda queres saber o que foi feito do ouro?
Mas tu não sabias?! O ouro também evapora-se...

Créditos dos poemas selecionados

A rua dos cataventos (1940)
Escrevo diante da janela aberta.
Dorme, ruazinha... É tudo escuro...
Minha rua está cheia de pregões.
Eu nada entendo da questão social.
Na minha rua há um menininho doente.
Avozinha Garoa vai contando
Eu faço versos como os saltimbancos
O dia abriu seu para-sol bordado
Cidadezinha cheia de graça...
A ciranda rodava no meio do mundo

Canções (1946)
Canção da primavera
Canção de vidro
A canção que não foi escrita

Canção de outono
Canção de garoa
Canção de nuvem e vento
Canção meio acordada
Canção de domingo
Canção de junto do berço
Canção da aia para o filho do rei
Canção do charco
Canção da chuva e do vento
Canção de muito longe
Canção da ruazinha desconhecida

Sapato florido (1948)
Objetos perdidos
Provérbio
Horror
Tableau!
A adolescente
Crianças gazeando a escola
O Anjo malaquias

Aprendiz de feiticeiro (1950)
O dia
De repente
Jazz
O anjo da escada
Veranico
Cântico

Espelho mágico (1951)
Dos mundos
Da mediocridade
Do capítulo primeiro do Gênesis
Da humana condição

Caderno H (1973)
Mastiga-me devagarinho
Delícia
Acidentes
Incorrigível
A escrita
Poeminha do contra
Drácula
História do futuro
Palavras
Um pouco de geometria
Da difícil facilidade
Coisas & pessoas
Aquele estranho animal

Apontamentos de história sobrenatural (1976)
Ritmo
O tempo e o vento
O adolescente
Elegia
O autorretrato
Lunar
Eu queria trazer-te uns versos muito lindos
Sonatina lunar

Cocktail Party
Uma canção
O mapa

A vaca e o hipogrifo (1977)
Haikai
Anotação para um poema
Confessional
Os hóspedes
Bilhete a Heráclito
Souvenir d'enfance
A poesia é necessária
Caligrafias

Esconderijo do tempo (1980)
Os poemas
As mãos de meu pai

Baú de espantos (1986)
Tempestade noturna
Matinal
Sei que choveu à noite
Magias
Os arroios
Deixa-me seguir para o mar
Pequeno poema de após chuva
Noturno III
Uma historinha mágica
O encontro
Louca

Da preguiça como método de trabalho (1987)
Apresentação
Olhinhos azuis
Falantes & ouvintes
Atividades invisíveis
Chispa
K
As sete namoradas
Uma surpresa
Memória
Ortografia transcendental
Tão simples
Primeiras leituras
O apanhador de poemas
Segunda
Terça
Quarta
Quinta
Sexta
Sábado

Preparativos de viagem (1987)
O poeta
O tio
Gostosuras
O gato
A adolescente
Brasa dormida

Porta giratória (1988)
A poesia
Da influência dos espelhos
Mapa secreto
Astronomia
Bric-à-brac
O leitor ideal
Pergunta inocente

A cor do invisível (1989)
Hoje é outro dia
Porto parado

Velório sem defunto (1990)
A arte de viver
Noturno
Os três reis magos
A música e a letra

1ª EDIÇÃO [2012] 12 reimpressões

ESTA OBRA FOI COMPOSTA PELA ABREU'S SYSTEM EM ADOBE GARAMOND
E IMPRESSA EM OFSETE PELA LIS GRÁFICA SOBRE PAPEL PÓLEN DA
SUZANO S.A. PARA A EDITORA SCHWARCZ EM JUNHO DE 2024

A marca FSC® é a garantia de que a madeira utilizada na fabricação do papel deste livro provém de florestas que foram gerenciadas de maneira ambientalmente correta, socialmente justa e economicamente viável, além de outras fontes de origem controlada.